RIADH MONIR

La presse écrite face aux changements culturels en Algérie

RIADH MONIR

La presse écrite face aux changements culturels en Algérie

cas de la polyphonie au sein de l'article journalistique

Noor Publishing

Cover image: www.ingimage.com

Publisher:
Noor Publishing
is a trademark of
Dodo Books Indian Ocean Ltd. and OmniScriptum S.R.L publishing group

120 High Road, East Finchley, London, N2 9ED, United Kingdom
Str. Armeneasca 28/1, office 1, Chisinau MD-2012, Republic of Moldova, Europe
Printed at: see last page
ISBN: 978-620-7-47856-9

Remerciement

Je voudrais exprimer mes sincères remerciements à madame Benmesabih Zahéra de l'université de Mascara pour la prise en charge et la direction de mon mémoire.

Je voudrais aussi la remercier pour ses conseils qui m'ont guidé et ses remarques qui m'ont soutenu pour l'aboutissement de ce travail.

Je remercie les membres du jury pour l'honneur qu'ils m'ont adressé pour la lecture de ce mémoire, et les remercie aussi de leurs remarques avisées qui suivront.

Je voudrais aussi remercier madame Ouda Mazot de l'université de Mascara de m'avoir guidé et soutenu durant ma recherche.

Je voudrais remercier aussi tout les enseignants du département de français.

Enfin, j'adresse mes sincères remerciements à mes très chers parents.

Dédicace :

Je dédie ce travail à :

- Mes parents
- Mes grands parents
- Mes frères amine et Abdelkrim
- Mes amis et notamment Metir Brahim et Mokhtari Salah

Sommaire

Introduction

Durant notre quotidien, l'être humain ne cesse jamais à poser des questions et à s'informer, sa soif d'information l'incite à trouver les moyens avec lesquels il obtient des renseignements.

Aujourd'hui les moyens de communication sont multiples nous dénombrons par exemple : la radio, la télévision et notamment la presse écrite, qui à la fois, informe l'individu, inculque et enseigne la langue à ce dernier.

Nous nous focalisons sur la presse écrite, et plus précisément sur l'article journalistique, au sein du quel nous trouvons plusieurs phénomènes linguistiques notamment la polyphonie.

Selon encarta(2007), la polyphonie est l'assemblage de plusieurs sons afin de construire une musique harmonique, ce processus est présent au sein de l'article journalistique, là ou nous allons trouver plusieurs voix.

De cet itinéraire nous pouvons poser la question suivante :

Comment fonctionne la polyphonie au sein d'un énoncé journalistique ? Et quels sont les marque avec les quelles, elle justifie sa présence dans un article journalistique ?

De ceci nous pouvons supposer que le journaliste qui écrit son discours, qui est l'article, fait recours à la reformulation, reprise et la modification du discours d'autrui.

Notre analyse vise deux objectifs : en premier lieu nous tenons à relever les marques de la polyphonie exprimées dans certains articles journalistiques. Notre analyse ne s'arrête bien évidemment pas là puisque nous tenons à comprendre aussi son fonctionnement au sein de ce même article journalistique

Pour ce faire, nous allons nous appuyer sur les travaux de Ducrot (1984) ; Maingueneau(1996) ;Maigueneau (2004) ; Haillet (2002). Nous allons collecter des exemples d'articles journalistiques pour qu'ensuite nous l'appliquions les théories sur des exemples tirés de ces mêmes articles journalistiques.

A cet effet, notre travail se présente de la manière suivante :

Dans le premier chapitre, nous allons aborder des notions tels que : le media, le media de mass, multimédia, hypermédia et principaux moyens de communication.

Dans le chapitre qui suit, nous aborderons des notions tels que discours, polyphonie ou encore dialogisme.

Ensuite nous aborderons des notions dont nous ne pouvons faire abstractions ; le locuteur e, l'énonciateur l'énonce, l'énonciation le sens, la signification le sujet parlant et le point de vue.

Pour finir, nous allons entamer dans le dernier chapitre l'analyse des marques de polyphonie présentent dans certains articles journalistiques que nous avons sélectionné.

Dans ce chapitre, nous allons aborder la notion des medias et les principaux moyens de communication, afin de les mettre en lumière pour les définir. Nous allons nous centrer sur l'article journalistique sur lequel prochainement, nous allons appliquer notre analyse.

Chapitre 1

Les medias et principaux moyens de communication

1.1 Le média :

La vie sociale est pleine d'événements, l'être humain peut les acquérir en se penchant vers les media.

Selon Larousse (2016) le media est : « support de diffusion de l'information, tel que la radio, la télévision, la presse etc. » (P.504).

Nous remarquons qu'au sein de la vie sociale, nous sommes entouré de séries d'évènements, le média est justement le moyen ou l'outil, qui permet de transmettre cet événement à son récepteur.

En outre, les médias sont des moyens d'instruction, d'éducation et de consentement que de promotion d'information, car aujourd'hui nous voyant qu'il existe des chaines de télévision qui sont dédiés qu'aux élèves des trois cycles d'enseignement.

Apres avoir terminé de définir le media, nous allons passer au media de mass.

1.2 Le media de masse:

Le terme se compose « media » et « de masse »

Selon Larousse(2016) *de masse* est : « qui concerne ou qui s'adresse au plus grand nombre » (P. 500).

Le terme complet « media de masse » signifie qu'il y a des medias qui atteignent un large public comme la télévision.

Selon le site maxicours (2015) la communication de masse est l'ensemble de techniques qui permettent à un acteur de s'adresser à un public nombreux comme les principaux moyens de communication de masse : la radio, la presse et la télévision.

Les medias de mass ne sont pas seuls dans le domaine de la communication, il existe aussi les multimédias, que nous allons les définir par la suite.

1.3 Le multimédia:

Le terme se compose de « multi » et « media ».

Selon Larousse (2016), le multimédia désigne : « 1.qui concerne ou utilise plusieurs medias 2.qui concerne ou utilise le multimédia. **Message multimédia** : message émis dans un radiocommunication avec de mobile, pouvant contenir du texte, des images ou des sons ◆syn. MMS. Nm, Technique qui combine pour une utilisation Simultanée et interactive, textes sons et images fixes ou animées ; matériels et produit qui offrent cette combinaison. » (P. 533)

Cela veut dire qu'une émission d'information informatique, audiovisuelle et télécommunicationnelle, permettent de diffuser des contenus numériques comme texte, son et image fixe ou animée par le biais d'un appareil.

Nous nous mouvons vers un autre point qui est l'hypermédia

1.4 L'hypermédia :

L'hypermédia se compose de hyper, qui est un niveau supérieur, et média qui est le médium.

Selon Larousse (2016), l'hypermédia est : « une technique qui permet de passer un document (texte, son ou image) à un autre dans la consultation d'un système multimédia. » (P. 401).

L'hypermédia est tout document de type numérique, comme image, vidéo ou texte qui sont en toute connexion par exemple : Internet est l'océan numérique qui peut illustrer notre explication. Nous y trouvons de tas de documents de genre image interactive ou des vidéos, prenons par exemple les magazines numériques, là ou nous allons rencontrer des articles courts (un texte), une vidéo ou une image qui va l'illustrer.

Nous allons passer aux principaux moyens de communication

1.5 Les principaux moyens de communication :

1.5.1 La télévision :

La télévision est un moyen de communication, qui vise à cibler un grand nombre de téléspectateurs ce mass média couvre soit tout un territoire national soit toute une région d'un pays.

Selon Hermans(2001) , il est facile à la télévision de se pénétrer aux foyers et de forger son impact sur la pensée et l'esprit humain, toute fois ce mass-média est puissant, robuste et d'une notoriété. La télévision est un media populaire puissant et dangereux Hermans affirme que :

> A La télévision peut donner une orientation concernant l'opinion public, également elle peut valoriser un parti politique donné, prenant l'exemple de l'affaire de Watergate aux États-Unis et les élections américaines en 1960 .

B Le premier qui a utilisé ce média pour dévoiler son orientation politique est Charles de gaulle[1] , et après les autres présidents qui ont succédés faisaient le même acte.

C En Belgique, lors d'enlèvement d'un bébé à l'hôpital de la citadelle à liège , la maman de ce dernier fut interrogée par un journaliste de la RTBF[2] , et après des jours d'anxiété , l'inspecteur de police chargé de cette affaire a téléphoné au journaliste pour lui faire apprendre la nouvelle c'était : le bébé est retrouvé . La mère de celui-ci n'avait pas crue qu'après avoir vu l'information diffusée à la télévision.

Tous cela, pour dire que la télévision est un moyen qui conduit l'individu vers des orientations politiques et sociales désirées.

5.1.2 La radio :

Par le biais des ondes qui se meuvent à la vitesse de la lumière, la radio transmet le message, ce moyen fut à l'époque une invention incroyable qui impressionné l'auditorium , elle est inventée par le scientifique Alexandre Popov .

Selon Michèle germain (2012), c'est James Clerck Maxwell qui a découvert le champ magnétique, et la mise en pratique de ce processus était une mission accomplit par Heinrich hertz, alors la radio a vue le jour, elle occupe une place prépondérante dans le paysage des médias voire dans la vie quotidienne, elle participe en grande partie de calmer la soif informative de auditorium .

[1] Ancien président de la république française

[2] Radio télévision belge de la communauté française

Durant la vie la radio est l'ami de l'homme qui l'accompagne en passant d'agréables moments

Selon Michèle germain (2012), la mission de la radio ne s'achève pas là. Selon une étude suisse effectuée sur le rôle de la radio au nouveau Brunswick. Cette dernière montre que la radio enseigne la langue française, en choisissant les termes employés par les journalistes, afin de l'inculquer à des gents dont l'usage d'anglais est fortement fréquent, en outre, la radio s'engage à promouvoir la culture francophone pour le but de diversifier la culture canadienne locale.

5.1.3 La presse écrite :

Selon le dictionnaire Larousse (2016), le journal est nommer quotidien ou canard.

Ce moyen de communication, qui vise à renseigner l'individu de toute l'actualité qui l'entoure, a passé par des sérieux progrès car auparavant on écrivait les articles journalistiques sur le papier chiffon[3] , mais aujourd'hui on utilise le papier bois[4] ou cellulose[5] en passant par le perfectionnement des encres d'imprimerie, l'introduction de l'image, la photogravure et la transmission de l'image à distance.

Le journal se présente sous plusieurs catégories : quotidien, périodique : (hebdomadaire, mensuel, bimensuel).

---

[3] Papier utilisé anciennement pour écrire, il produit à la base de certaine matière comme les fibres végétales.

[4] Papier dont la matière première est le bois

[5] Papier fait a la base de fibres végétales et celluloses .

Il se présente ainsi sous différents types : régional, national et transcontinental[6]. Mais également, la presse écrite peut être généraliste voire spécialisée : (sport, femme, automobile, mobilier).

La presse écrite assure la liberté de l'expression dans un pays et c'est ce chemin vers la liberté de la parole et la pure vérité transmis aux lecteurs, qui contribuent à la progression de ce moyen de communication.

La presse écrite est un moyen de communication assez robuste pour bâtir une société tenace, mais elle peut également détruire un pays en prenant un itinéraire d'opposition, et en étouffant la liberté de dire.

Nous allons nous centrer dans l'article journalistique, qui va être définit par la suite.

5.1.4 L'article journalistique :

Selon le dictionnaire Larousse (2016), l'article journalistique est appelé souvent papier[7], cet élément constitue l'ensemble du journal, comprend des informations cruciales destinées à informer le lecteur. Le papier contribue ainsi de construire l'actualité quotidienne.

D'après Bermont (2014), l'article journalistique se compose de plusieurs phases, nous allons citer les phases qui nous sembles les plus importante et que nous retrouvons dans un article journalistique:

---

[6] Entre les continents

[7] Une autre appellation de l'article journalistique .

A le titre :

Ce dernier offre l'information dès le début , il est court et capte l'attention du lecteur , il peut être informatif (il résume objectivement l'article) ,il peut être accrocheur (il provoque la curiosité du lecteur , il surprend ou amuse) il peut être partisan (il permet de dévoiler l'opinion de l'auteur) .

B le surtitre et le sous titre :

Les deux éléments donnent des informations complémentaires et facultatives au titre ces derniers se placent soit au dessus du titre soit au dessous du titre

Le surtitre indique généralement le lieu et la date de l'événement, mais le sous-titre indique la raison et la façon dont l'événement s'est produit.

Remarque : titre plus surtitre plus sous-titre égal la titraille.

C le chapeau ou le chapô[8] :

Texte court qui se place en haut de l'article et qui le résume il est écrit en gras pour attirer l'attention du lecteur.

D 5 w ou encore 5 q :

Who/qui (la personne dont l'article parle)

What/quoi (l'information centrale, de quoi on parle)

When /quand (quand ça s'était passé, le temps)

[8] Une autre forme d'écriture de chapeau.

Where/ou (où ça s'était passé, le lieu)

Why/pourquoi (quelle sont les causes de l'information)

How comment (quelle sont les conséquences de l'information)

E le corps de texte :

Il est plus ou moins long, il s'étale sur cinq principaux pilier

- une accroche : elle contient une introduction de deux lignes pour retenir l'attention du lecteur.

- les 5 w (who, what , where , why ou how) cette norme basique donne l'information primordiale clairement et rapidement .

- le principe de la pyramide inversée : l'article offre au début l'information nécessaire et finit par l'information la moindre importante.

- les intertitres : sont des mots écrits en gras qui permet non seulement d'aérer l'article mais aussi de le découper en paragraphe quant il est long, pour construire au lecteur son parcours de lecture.

- la chute : c'est une conclusion courte qui termine l'article en abordant un autre thème. Elle a son ton particulier.

F une photo : c'est un complément (information supplémentaire) de l'article et il ne s'agit pas d'une illustration, la photo informe, explique, choque et émeut le récepteur elle n'est jamais mise sans légende[9].

[9] Une explication pour une photo .

Enfin, l'article journalistique peut prendre plusieurs format ou genre (brève, compte rendu, reportage, interview, enquête, éditorial, chronique etc.).

Le chapitre 2 entame le discours, nous allons le décortiquer pour la finalité de voir les éléments qui le constituent ainsi que nous allons dévoiler ses types. Nous allons passer à la polyphonie pour la définir et nous sautons au dialogisme pour l'expliquer.

Chapitre 2

Le discours, la polyphonie et le dialogisme

2. Le discours :

2.1 La définition du discours :

Le discours est un exercice lingual de la personne, qui énonce sa parole. Cette personne est plongée dans un contexte précis dans lequel elle discute des points de vue.

Maingueneau (1996) affirme que : « ce dernier n'y est pas considéré comme une structure arbitraire mais comme l'activité de sujets inscrits dans des contextes déterminés.»(P.28).

Du coup George Farid(1992) assure que : « dans un cadre des thèmes de l'énonciation, les discours c'est l'énoncé linguistique intégrer à un acte d'énonciation ». (P.42)

Là nous pouvons dire que le discours est un énoncé purement l'inguistique, il s'nonce par le biais de l'énonciation.

Selon George Farid (1992), le discours lui-même est une succession d'énoncés régie par des normes, qui assure l'enchaînement des phrases, dans ce dernier on trouve une cohérence textuelle en soutenant le message écrit voire oral, en tenant compte du contexte et du type de discours.

Le discours est composé de plusieurs éléments, dans ce qui suit nous allons les évoquer tels qu'ils sont présentés par George Farid (1992).

2.2 Les éléments constituants du discours :

Selon George Farid (1992), La continuité textuelle est indispensable dans un discours pour en faire il faut se pencher vers les éléments suivants :

A- les introducteurs : c'est une histoire de ...

B- Les connecteurs : peuvent référer a ce qui va suivre comme ils peuvent indiquer ce qui est passé, ces derniers assurent un bon attachement des phrases on peut citer par exemple : alors, donc, mais ...

C- Les terminateurs : l'apparition de ces éléments peut signaler la fin du discours par contre ils ressemblent un peut aux connecteurs : enfin, finalement, vers la fin ...

D- Les anaphoriques sont des pronoms personnels, démonstratifs et possessifs, qui revoient à un syntagme antérieur ou postérieur par exemple : oggy , je le vois . Je vois un gamin, ce gamin s'appelle oggy. Il se peut que les anaphoriques peuvent être des mots subordonnants qui jouent dans une phrase.

E- La reprise lexicale : un terme est répéter c'est une astuce qui timbre le discours comme par exemple : l'homme marche, l'homme pense.

F- La reprise lexicale où un terme plus spécifique est remplacé par un autre qui est vague ex : le sida est mortel, ce virus ...

G- La juxtaposition est présente dans le discours ex : il est gravement fatigué, il ne pourra pas pratiquer le sport.

H- Les indicateurs temporels : ils sont primordiaux pour donner une vie au texte ex : hier, aujourd'hui ...

I- Les temps successif : imparfait/passé simple qui engendre situation/événement ces temps différencient entre la situation et l'événement.

J- Les indicateurs spacieux sont présents pour faire vivre le discours ex : ici, là-bas...

K- Les déictiques : regroupent plusieurs éléments des adverbes de temps et de lieux des pronoms personnels également des pronoms démonstratifs, à noter que les déictiques ne sont pas interprétables même par le locuteur qui produit l'énoncé, car ils renvoient au temps et le lieu de l'énonciation voire à l'identité du locuteur.

L- Le discours peut prendre plusieurs types qui sont comme suite : le discours direct et le discours indirect.

Le premier type consiste à rapporter les paroles d'une personne sans qu'il y ait de changements concernant les temps des verbes, les pronoms et les adverbes ainsi que les adjectifs de temps et de lieu. Le discours direct s'attache beaucoup plus à l'énonciateur qu'au rapporteur.

Par contre le deuxième type qu'est le discours indirect, proclame des changements, il débute par un mot subordonnant comme « que », en outre, nous remarquons que les marques du locuteur effacent celles de l'énonciateur.

Le locuteur met en place son propre temps de verbe le plus adéquat à l'énoncé, et c'est pareil pour les mots indiquant le lieu et le temps, ce type s'accorde avec le locuteur et se détaché de l'énonciateur.

M- Les successions logiques et chronologiques concernant les personnages et les actions :

Là nous pouvons trouver deux phrases qui peuvent servir cette succession , c'est la phrase à présentatif et la phrase progressive , la première a pour but de décrire soit une situation de prospérité ou décrire un personnage , en revanche la deuxième sert à créer des actions et provoquer de l'intrigue au sein du récit .

N- Les traits de la prosodie c'est souvent oral, cela comprend l'intonation soit ascendante ou descendante, les modulations suspensives et conclusives, et les accents, tous ce qui a précédé donne une cohérence lors de la production du discours, aussi ils donnent une vie au récit.

En outre, le discours possède aussi ses genre, c'est ce que nous allons dévoiler par la suite.

2.3 Les genres de discours :

Le discours est un concept intéressant qui dispose de plusieurs genres selon maingueneau (2004) nous pouvons distinguer entre deux genres : auctoriaux et routiniers.

A Les genres auctoriaux :

Nous nous penchons tout d'abord sur le genre auctorial, Dominique(2004) le définit ainsi :

« Les genres auctoriaux sont le fait de l'auteur lui-même éventuellement un éditeur. En général leur caractère auctorial se manifeste par une indication paratextuelle, dans le titre ou le sous-titre : « méditation », « essai », « dissertation », « aphorisme », « traité » … Ils sont particulièrement présents dans certains types de discours : littéraire bien-sûr mais aussi philosophique, religieux, politique, journalistique… En attribuant telle étiquette à telle œuvre, on indique comme on prétend que son texte soit reçu, on instaure de manière non négociée un cadre de son activité discursive. ». (P.181).

maingueneau affirme que l'énonciateur prend soin de son énoncé, il forme l'énoncé conforme à la situation d'énonciation et au contexte, ce genre de discours qu'est l'auctorial, est présent dans les endroits suivants : la méditation, essai, dissertation, aphorisme et traité.

Ce genre de discours se dévoile dans le titre ou sous titre par le biais des éléments paratextuelles il est présent dans les types de discours suivants : religieux, politique, littéraire, philosophique et journalistique.

B Les genres routiniers :

Selon maingueneau (2004), ce genre porte sur des dimensions[10] journalistiques telles que le magazine, l'interview radiophonique, le journal quotidien et même la consultation médicale. Nous remarquons qu'il n'y a pas de rôle échangé pendant que la communication s'effectue, cette dernière relève donc de la communication défini socio-historiquement.

Maingueneau (1996) affirme que «Les paramètres qui les constituent résultent en effet de la stabilisation de contraintes liées à une activité verbale qui s'exerce dans une situation sociale déterminée » (P.181).

Autrement dit, il y a une force qui agit sur les actes verbaux. Ces derniers, ont donné naissance à des paramètres qui constituent le genre routinier, et se produisent au sein d'une situation sociale déterminée.

Au sein du genre routinier, nous allons trouver un aspect rituel comme les actes juridiques, mais d'autre part on peut trouver de grandes variations personnelles.

Nous nous mouvons vers la polyphonie, en donnant une définition.

[10] Nous désignons par dimension, un aspect.

2.4 La définition de la polyphonie :

Selon le dictionnaire Larousse (2016) la *polyphonie* relève du domaine musical et c'est un assemblage de voix et d'instruments.

Pourtant, la *polyphonie* est présente aussi dans le domaine linguistique.

Ducrot (1980) affirme que : «Ma thèse permet, lorsqu'on interprète un énoncé, d'y entendre S'exprimer *une pluralité de voix* différentes de celle du locuteur, Ou encore comme disent certains grammairiens à propos des Mots que le locuteur ne prend pas à son compte, mais met, Explicitement ou non, entre guillemets, une "polyphonie" ». (P.44).

Ainsi, nous pouvons dire que la polyphonie est un mode d'interprétation et de reproduction de certains énoncés, nous pouvons toute fois les avoir accumulés au sein d'un seul énoncé du locuteur sujet.

La polyphonie ne s'arrête pas au domaine de la littérature et peut toucher plusieurs domaines notamment le journalisme.

Le journalisme est le domicile de la polyphonie, car si on se penche vers les journaux nous allons nous rendre compte qu'il y a des papiers qui discutent des opinions, dans ce cas là nous allons rencontrer une multitude de paroles rapportés de plusieurs personnes, leurs énoncés serons tantôt explicite tantôt implicite qui signe le phénomène de la polyphonie.

Ducrot (1984) assure que : « pour Bakhtine, il y a toute une catégorie de textes, et notamment de textes littéraire, pour lesquels il faut connaitre que plusieurs voix parlent simultanément, sans que l'une d'entre elles soit prépondérante et juge les autres ». (P.171).

En se mettant dans la peau de Bakhtine, nous pouvons dire qu'il y a maint type de textes, nous nous focalisons sur le texte littéraire, la où il a y plusieurs voix qui parlent au même temps.

En outre, il n'y a point de privilège pour l'une de ces dernières, elles sont toutes intéressantes pour constituer le texte, une voix ne peut pas aussi juger les autres, elles sont similaires dans leurs fonctionnement dans un texte.

Selon encarta (2007), ce concept tire son origine de la musique la où nous allons trouver plusieurs sons qui se jouent simultanément, avec une cohérence particulière alors que ces sons sont tout à fait différents du point de vue de nature musicale. Mais ils constituent une musique qui est rythmique et harmonique, c'est tout comme un orchestre qui se constitue de plusieurs musiciens, jouant sur des instruments différents, produisant des sons différents qui se regroupent pour donner naissance à une musique d'un rythme raisonnable.

Là nous donnons l'image de l'union des voix dans un texte de n'importe quel type ou genre, car d'union des voix constituent un texte.

Nous allons passer au dialogisme, et nous allons donner une définition qui le convient.

2.5 Le dialogisme :

Selon le dictionnaire Linternaute, le dialogisme possède une définition générale, qui dicte que ce concept est l'art de dialogue, cela veut dire que si nous tenons une conversation avec un individu, nous allons employer des styles de langue un peu particulier. Ainsi que le choix de mots est intéressant .

Si nous discutons de la notion de dialogisme forcement nous ne pouvons faire l'abstract de la notion dialogue.

2.5.1 Le dialogue :

D'après maingueneau (1996), ce terme a un double usage nous pouvons toute fois parler de dialogue pour faire une simple distinction entre ce concept qui est le dialogue et le monologue[11].

Le dialogue désigne tous genres d'échange de parole[12] qui s'effectue entre deux personne voire plus. Maingueneau (1996) nous présente une autre signification, et qui selon elle-même c'est celle la plus préférée chez les gens, nous citons : « Mais beaucoup préfèrent l'utiliser pour référer à des échanges plus formels que la *conversation, ou il y a une volonté mutuelle d'aboutir à un résultat ». (P.27).

Là nous parlons toujours de la deuxième signification, là où nous précisons que le dialogue s'emploie aussi pour designer un

---

[11] Discours d'une seule personne qui parle

[12] L'expression et l'extériorisation d'une idée ou une pensée sous forme de phrases.

échange plus formel[13] , qui aura lieu dans des institutions [14]étatique ou privé.

Tout en sachant que maingueneau (1996) précise que, le dialogue a une place dans le théâtre, la philosophie, la littérature etc.

Ayant définit le dialogue nous passons au dialogisme

2.5.2 Le dialogisme :

Le dialogisme possède aussi une définition propre à lui que maingueneau (1996) l'a donné comme suit : « En analyse du discours il est utilisé, à la suite de Bakhtine, pour référer à la dimension foncièrement interactive du langage, oral ou écrit ». (P.27).

Cela veut dire que, le dialogisme renvoie aux interactions verbales écrites et orales. En revanche, selon Todorov (1981), Bakhtine emploie ce terme pour indiquer l'intertextualité. Moirand (1990) quant à elle évoque pour ce terme des marques similaire[15] énonciative, qui relève de la citation en contre partie un autre concept s'intervient est le dialogisme interactionnel, qui est la pluralité de manifestations reliée a l'échange verbal.

Selon maingueneau (1996), Bakhtine considère que les deux concepts (dialogisme intertextuel et dialogisme interactionnel) ne peuvent pas être séparés.

---

[13] Qui respecte les normes dans un cadre professionnel

[14] Etablissement ou une compagnie

[15] On entend par similaire, de même degré et du même fonctionnement.

Du coup il dit que n'importe quelle énonciation est une réponse qui renvoie à quelque chose ; cette énonciation est forgée tel qu'on a éclairci ci-dessus.

(Énonciation est le dialogisme intertextuel qui s'ajoute au dialogisme interactionnel) .

Ce chapitre comprend plusieurs notions qui sont : le locuteur, l'énonciateur, l'énoncé l'énonciation, le sens, la signification, le sujet parlant et le point de vue. Nous allons caractériser tous les points cités précédemment, en s'appuyant sur des exemples pour renforcer notre explication.

Chapitre 3

Le locuteur et l'énonciateur

L'énonce et l'énonciation

Le sens et la signification

Le sujet parlant et le point de vue

3.1 Le locuteur :

Si nous voulons parler de locuteur il faut se pencher vers les travaux d'Oswald et notamment livre *le dire et le dit*[16]

Ducrot (1984) affirme que *:* « un être qui dans le sens même de l'énoncé est présenté comme son responsable c'est à dire comme quelqu'un à qui l'on doit imputer la responsabilité de cette énonce. C'est à lui que référent le pronom *je* et les autre marques de la première personne. ». (P.193).

Ici Ducrot indique que le locuteur assume toute une responsabilité de son énoncé afin émettre son message. Le pronom *je* renvoie au locuteur, ainsi il existe des marques qui justifient une personne qui parle, en disant *je* mais implicitement par exemple : moi, mien …

Et justement, Ducrot(1984) éclairci la notion du locuteur, en faisant la comparaison entre locuteur et auteur empirique, il dit que si son fils lui apporte un circulaire[17] écrit comme suit : " *je soussigné .... Autorisé mon fils de ..... Signe .... ",* Là le père appréhende le rôle du locuteur en prenant toute sa responsabilité énonciative en vers son fils, en inscrivant son nom et en signant le papier. En outre, ce qui indique la responsabilité c'est bien les marques de la première personne *(je)*, par contre le vrai auteur de ce circulaire est bien son fils. Et là il y a deux processus qui se produisent, le premier c'est l'incarnation du rôle du locuteur et le deuxième c'est le support de la responsabilité.

---

[16] Est un livre de Oswald Ducrot publie en 1984

[17] Une lettre

En plus, une fois le papier signé et envoyé à l'administration du lycée, on va contacter le père pour vérifier la crédibilité du papier, ils vont dire au père que vous nous avez adressé une lettre sur laquelle vous autorisez votre fils à …

Selon Ducrot (1984), Christian plantain affirme que la signature sert à la fois de mettre le locuteur en lumière, et ceci est facultatif, et de définir l'identité du locuteur face aux autre personnes.

Suivant la méthode de Ducrot (1984), nous pouvons distinguer deux genres de locuteur, locuteur au sein de du discours (locuteur L)[18] , et locuteur comme être du monde (locuteur λ)[19] .

Ducrot (1984) souligne que : « L est le responsable de l'énonciation, considéré uniquement en tant qu'il a cette propriété. ». (P.199-200).

C'est au locuteur en tant qu'un être du discours qui a la responsabilité d'exprimer sa parole.

Ducrot souligne une autre fois que : « λ est une personne « complète », qui possède d'autre propriétés, celle d'être l'origine de l'énonce. ». (P.200).

Le locuteur en tant qu'être du monde, est considéré comme une personne physique ayant d'autres propriétés comme la source de sa parole.

Par contre, la définition ci-dessous ne permet pas de bien faire la distinction entre L et λ . Dans ce sens, nous allons suivre la méthode

---

[18] Tiré du livre le dire et le dit

[19]Tire du livre le dire et le dit

Ducrotienne[20] qui va effectuer cette comparaison, en procédant par des interjections.

Suivant l'itinéraire de Ducrot (1984), Nous prenons les interjections suivantes *hélas*[21] et *chic*[22] également, nous pouvons dire je suis gaie ou je suis malheureux, mais les interjections précédentes reflètent des sentiments de tristesse et de gaité en revanche, les phrases déclaratives peuvent être vraies ou fausses, c'est à dire nous pouvons dire qu'on est triste alors qu'en vérité on l'est point. Nous disons que l'être à qui nous avons imputé le sentiment dans une interjection, c'est bien le locuteur L (locuteur en tant qu'être de discours), et λ (locuteur en tant qu'être du monde) qui s'attache aux phrases déclaratives, qui déclarent et énonce sa tristesse ou sa gaité.

En règle générale, le locuteur L exprime toujours son opinion sans franchir les bords de son discours en outre, il dévoile des sentiments.

En revanche, le locuteur λ peut sortir de son cadre de discours à condition qu'il n y a pas d'émotions à refléter.

Nous nous mouvons vers le concept suivant qui est l'énonciateur.

---

[20] Relative à Oswald Ducrot

[21] Interjection mentionnée comme exemple dans le livre le dire et le dit

[22] Interjection mentionnée comme exemple dans le livre le dire et le dit

3.2 L'énonciateur :

Nous nous mouvons vers ce concept qu'O. Ducrot(1984) a définit ainsi : « j'appelle « énonciateurs » ces êtres qui sont censés s'exprimer à travers l'énonciation sans que pour au tant on leur attribue des mots précis ; s'ils « parlent », c'est seulement en ce sens l'énonciation est vue comme exprimant leur point de vue, leur position, leur attitude, mais non pas, au sens matériel du terme, leurs paroles. ». (P.204).

Ducrot veut dire que, tous énonciateur est une personne qui s'exprime, ne se voit pas limités par des mots bien déterminés, une fois il extériorise son expression c'est bien que pour déterminer son opinion, sa positions ou voire son attitude[23] en revanche, le terme énonciateur ne renvoie pas à la parole, qui est la faculté de parler.

De l'énonciation à l'énonce qui va être définit comme suit.

3.3 L'Enoncé :

Apres avoir définit l'énonciateur, il est indispensable de se pencher vers l'énoncé,

Qui est pour maingueneau (1996) : « le produit de l'acte d'*énonciation* ». (P.35).

Cela veut dire qu'après l'action d'énoncer vient l'énoncé qui est une suite de mot.

Mais pour elle, l'énoncé possède plusieurs sens :

---

[23] Sentiments

Maigueneau (1996) affirme : « D'un point de vue syntaxique on oppose souvent *énoncé* et *phrase* en considérant la *phrase* comme un type d'*énoncé*. L'*énoncé* est définit comme l'unité de communication élémentaire, une séquence verbale douée de sens et syntaxiquement complète : ainsi « Léon est malade », « Oh ! », « quelle fille ! », « Paul ! », sont au tant d'*énoncés*. » (P.36)

Dominique se penche vers le point syntaxique pour définir l'énonce, mais pour cela il faut présenter une dichotomie qui est énoncé / phrase, là nous opposons phrase à énoncé de plus nous tenons compte que la phrase est un genre d'énoncé, celui-ci est une unité communicationnelle constitutive ainsi, c'est une suite de mot régis par un verbe, qui est le moteur[24] de l'énoncé, contenant un sens, à condition qu'il soit syntaxiquement complet.

Dans le même itinéraire de maingueneau (1996), souvent l'énoncé peu équivaut le texte, cela veut dire que l'énoncé est une séquence, au sein de laquelle nous allons trouver au minimum un verbe, rapportée par un énonciateur, et cet énoncé relève d'un discours déterminé, par exemple : un sujet discuté dans une émission télévisé, est un discours délimité.

Du coup Adam(1992) fait la distinction entre énoncé et texte, en disant que l'énoncé dans le sens matériel est observable et descriptible, n'est pas le texte qui est un objet abstrait.

[24] On désigne par moteur, c'est lui qui donne le sens à la phrase.

3.4 L'énonciation :

Ducrot(1984) définit l'énonciation en donnant des sens différents :

A- L'énonciation est un exercice psycho-physiologique [25]dicté par l'énoncé c'est à dire, nous allons agir en parlant par exemple : gesticuler ou parler à haute voix lorsque nous avons une information importante. en outre, un facteur principal s'intervient, qui est la société, cette dernière peut modifier certain caractère[26] psychologique ainsi que physiologique chez l'être humain.

B- Ducrot(1984) donne le deuxième sens comme suit « L'énonciation est le produit de l'activité du sujet parlant ». (P.178).

L'énonciation est le produit final qui résulte de l'activité du sujet parlant, cela veut dire que la personne qui parle est responsable de son énonciation et d'ailleurs c'est elle qui donne naissance à l'énonciation.

C- Ducrot (1984) définit la notion de l'énonciation en disant « c'est l'événement constitué par l'apparition d'un énoncé ».(P.179) .

---

[25] Là on mêle entre la psychologie, qui est l'étude scientifique du psychique de l'être humain, et physiologie qui est l'étude scientifique des fonctionnements des organes humain.

[26] Comportement

Cela veut dire que l'énoncé n'avait pas lieu auparavant, et lorsque nous allons produire un énoncé c'est un *événement historique* [27]et là l'énoncé est présent dans la vie courante, après cet énoncé va disparaitre suite à l'achèvement de parle, c'est une apparition temporaire qu'appelle Ducrot énonciation.

3.5 Le sens et la signification :

Au départ il est indispensable de citer la définition de chacun des concepts :

Le sens est une détermination d'une situation de communication orale ou écrite.

La signification est une corrélation entre un signe linguistique est une chose.

Le sens est définit par Ducrot(1984) ainsi : « le sens appartient au domaine observable, au domaine des faits ». (P.180). Nous voulons dire que le sens a une corrélation avec tout ce qui est observable en outre, il relève aussi des faits c'est à dire que le fait est interprétable de telle façon.

Par contre, si nous voulons distinguer le sens de la signification en matière[28] de nature, Ducrot(1984) les distingue comme suit : « le sens de l'énoncé, c'est la signification de la phrase assaisonnée de quelques ingrédients empruntés à la situation du discours. ». (P.180).

---

[27] Tire du livre le dire et le dit d'Oswald Ducrot.

[28] En ce qui concerne

L'auteur veut expliquer que la signification est englobée au sein du sens en ajoutant quelques détails, comme un lieu, qui relève de la situation ou se positionne la personne qui parle.

Lorsque Ducrot (1984) illustre son explication par l'énoncé " il fait beau ", veut montrer que cet énoncé n'englobe plus un sens, car il manque les détails qui renforce cet énoncé pour qu'il ait un sens. Par contre cela signifie que peut être il fait beau à un lieu ou le locuteur s'exprime, de cela nous concluons que le sens englobe la signification avec quelques détails.

3.6 Sujet parlant et point de vue :

D'après la notion du *sujet parlant* , nous allons comprendre qu'il s'agit d'une personne qui s'exprime, plus profondément Ann banfield (1979) a abordé ce thème en déclarant qu'il n'y aurait jamais de pluralité de sujet de conscience par contre il y aura un seul sujet parlant, mais pour Ducrot(1984) , sujet parlant et locuteur ne peuvent pas être distinguer , par exemple : lorsque quelqu'un me dit que je suis un idiot je vais rependre ainsi : « ah je suis un idiot ok tu vas voir .... » , par la suite nous sommes obligé de suivre la méthode de Banfield(1979) en transformant ce dit en « tu dis que je suis un idiot »[29] donc là Ducrot(1984) ne peut pas séparer le locuteur du sujet parlant et justement il dit « lorsqu'il y a un locuteur , celui-ci est nécessairement aussi le sujet de conscience , principe qui n'a pas d'autre justification, a mes yeux , que de sauver une unicité »(P.173). Alors pour lui le locuteur est le sujet parlant.

[29] C'est un discourt rapporté.

En ce qui concerne le point de vue Ducrot(1984) a abordé ce sujet en l'éclairant : « ces êtres qui sont censés s'exprimer à travers l'énonciation, sans que pour autant on leur attribue des mots précis ; s'ils parlent, c'est seulement en ce sens que l'énonciation est vue comme exprimant leur point de vue, leur position, leur attitude, mais non pas au sens matériel, leur paroles. » . (P.204).

Le point de vue est tout à fait une responsabilité de ce que nous disons, et cela signifie le contenu, le point de vue est la représentation abstraite de la subjectivité énonciative cette dernière est à base de ce qui est dit.

Au sein du chapitre 4 nous avons implanté notre analyse qui étudie les points suivant : la négation, A mais B, le conditionnel et les présupposés afin de voir le fonctionnement de la polyphonie au sein de l'article journalistique.

Chapitre 4

L'analyse des marques de polyphonie

Rappel des objectifs :

Notre analyse vise deux objectifs : en premier lieu nous tenons à relever les marques de la polyphonie exprimées dans certains articles journalistiques. Notre analyse ne s'arrête bien évidemment pas là puisque nous tenons à comprendre aussi son fonctionnement au sein de ce même article journalistique

Pour ce faire, nous allons nous appuyer sur les travaux de Ducrot (1984) ; Maingueneau(1996) ;Maigueneau (2004) ; Haillet (2002). Nous allons collecter des exemples des articles journalistiques vers la suite nous allons appliquer la théorie sur nos exemples .

Collecte des données :

Notre corpus se compose de l'article journalistique tiré du journal *el watan* nous avons choisi les articles suivants

1) VFS Global[30] opérationnel à partir d'aujourd'hui, (numéro 8375) page 2, paru le 09/04/2018.
2) anticipations et performances économiques (numéro 8375), page 15, paru le 09/04/2018.
3) Malaise social sur fond d'érosion du pouvoir d'achat (numéro 8375) page 12, paru le 09/04/2018.
4) harcèlement administratif au CFPA Frères Daoud, (numéro 8375) paru le 09/04/2018.

---

[30] Société qui aide à délivrer des visas

Considérations éthiques :

Nous avons opté pour le journal *el watan,* car nous considérons que la langue dont les journalistes ont recourt est un français qui est plutôt académique, ce qui nous rend la tâche un peu moins ardu que si nous avons pris un article de la rubrique « Rayna Raykoum » du journal le quotidien.

Analyse des marques de la polyphonie dans l'article journalistique *EL WATAN* :

Dans cette section, nous allons analyser la marque de polyphonies repérés dans l'article journalistique EL WATAN dans son numéro8375 Paru le 09/04/2018.

A cet effet, nous rappelons que la polyphonie est la multiplication de plusieurs voix au sein d'un énoncé, la polyphonie dispose de ses marques pour prouver son existence dans un énoncé parmi lesquels nous avons la négation, A mais B, le conditionnel et les présupposés.

Lors de notre analyse nous avons remarqué que la marque de polyphonie la plus récurrente est la négation.

4.1 La négation :

Au sens général, la négation est la façon avec laquelle nous allons réfuter, ou tout simplement nier quelque chose. Suivant cette ligne Ducrot(1984), décrit la négation comme suit : « je maintiens donc que la plupart des énoncé négatifs (j'expliquerai plus loin pourquoi je dis seulement « la plupart ») font apparaitre leur énonciation comme le choc de deux attitudes antagonistes, l'une positive imputée par un énonciateur E1, l'autre, qui est un refus de la première, imputée à E2 « (P.215).

Selon l'auteur la négation a un double fonctionnement, en tenant un exemple fréquemment cité dans la vie courante : lorsque nous disons oggy n'est pas méchant, donc la nous allons extraire deux choses :

A- L'une est Oggy est méchant, cela est une assertion positive relative a la méchanceté d'Oggy. et qui est énoncé par E1 [31]

B- L'autre qui applaudit qu'Oggy n'est pas méchant, et c'est un refus de l'énoncé d'E1, qui est produit par E2[32].

Mais nous pouvons distinguer deux différents genres de négation : la négation polémique et la négation descriptive en revanche nous nous focalisons sur le premier genre qu'est la négation polémique, est la simple négation par le biais de *ne...Pas*, nous pouvons tenir l'exemple qui suit, pour éclaircir notre explication :

X : est ce que le soleil brille ?

Y : non il ne brille pas.

Ducrot (1984) affirme que : « et j'opposerai à cette négation la négation « polémique » destinée à contrer une opinion inverse » .(P.217) .

[31] Ce symbole désigne le premier énonciateur

[32] Signifie le deuxième énonciateur

Au sein de la négation polémique l'auteur de l'énonce niable prend une position adverse au discours d'autrui.

4.1.1 L'analyse de la négation :

Dans notre analyse ; nous avons relevés la négation nous donnons pour exemples l'article « VFS Global opérationnel à partir d'aujourd'hui », tiré du quotidien algérien *el watan*[33] (numéro 8375) paru le 09/04/2018.

- A travers le système France-visa, on empêche toute intervention humaine et aucun employé n'est habilité à donner un rendez-vous.

De cela nous pouvons faire intervenir la citation de Ducrot(1984) qui est : « Ici, le locuteur de « pierre n'est pas intelligent », en s'assimilant à l'énonciateur E2 du refus, s'oppose non pas à un *locuteur*, mais à un *énonciateur* E1 qu'il met en scène dans son discours même et qui peut être assimilé à l'auteur d'aucun discours effectif. L'attitude positive à laquelle le locuteur s'oppose est interne au discours dans lequel elle est contestée. Cette négation « polémique » a toujours un effet abaissant, et maintient les présupposés. » (P.217) .

Nous nous mouvons vers l'exemple cité ci-dessus. Pour relever la vraie négation polémique, il faut comprendre le contexte de l'article.

---

[33] Journal algérien

Au début, l'auteur discute un sujet qui relève de notre milieu social, qui est l'octroi d'un visa français. Auparavant lorsque nous voulons fixer un rendez-vous pour déposer un dossier, c'est un casse tète comme le motionne l'article, car il y avait un encombrement au niveau du site internet de TLS contact[34] , mais maintenant le VFS global[35] tient les commandements .

Nous constatons qu'il y a un énonciateur E1 qui est le journaliste nommé Hacen. O, qui dit son énoncé : est ce qu'il y aura le même problème (encombrement du site des rendez-vous) avec VFS global ?

Également nous remarquons qu'il existe aussi un énonciateur E2, qui est le directeur général du VFS pierre Benichou, qui nie et refuse tous le discours précédant concernant le problème .

Aussi il existe une attitude positive au sein du discours, qui est *il y aura un encombrement au niveau du site internet pour la fixation des rendez vous,* alors que celle-ci est réfutée à l'aide la négation faite par le directeur général.

La polyphonie est un phénomène linguistique, il fonctionne comme un orchestre là ou plusieurs voix naissent et contribuent pour donner un énoncé harmonique, La polyphonie possède des marques qu'ils justifient son existence parmi les quel nous avons A mais B

[34] Ancienne Société qui aide à délivrer des visas

4.2 A mais B :

Cette conception nous permet de définir c'est quoi A et B. Ces deux lettres en majuscule sont des actes faits par un locuteur qui s'assimile en locuteur.

Selon Ducrot(1984) A est un acte primitif et B est un acte dérivé, il est indispensable de définir chacun des actes.

4.2.1 L'acte primitif :

Ducrot(1984) définit l'acte primitif comme suit : « lorsque l'on dit un énoncé manifeste un acte, on peut vouloir dire deux choses. D'abord, il peut s'agir des actes qu'une personne, identifiée au locuteur, accomplit par le fait que ce même locuteur est assimilé à tel ou tel énonciateur : de tel actes seront appelés « primitifs » ». (P.226).

Ici Ducrot éclaircit la notion des actes primitifs, là ou il explique qu'une personne qui est locutrice, emprunte le rôle de l'énonciateur afin de réaliser des actes qui lui sont exigés par un énoncé.

Ducrot(1984) nous donne un exemple précis :

« Comme est « primitive » la parole attribuée à Molière du fait qu'il est assimilé à son personnage Philinte ».(P.226).

Ici Molière a pris le rôle de l'énonciateur en tant que philinte , afin d'accomplir un acte qui est la parole et cet acte nous le nommons primitif.

4.2.2 Acte dérivé :

Egalement, Ducrot (1984) a élaboré une définition pour l'acte dérivé il affirme : « puis j'appellerai « dérivé » un acte accompli par la personne identifiée au locuteur, si cet acte est lié au fait que le locuteur, entant que responsable de l'énoncé choisit de mettre en scène tel ou tel énonciateur –même s'il n'est assimilé à aucun d'eux » .(P.226).

Ducrot précise que l'acte dérivé est imputé à la personne qui est locutrice, mais responsable de son énoncé, il choisit de mettre en scène un énonciateur donné mais pas forcément qu'il figure ce dernier.

Ainsi Ducrot (1984) a donné un exemple : « de la même façon, j'ai étiqueté « dérivé »la parole attribuée à Molière du fait qu'il met en scène Sganarelle et don juan ». (P.226).

Ici Molière est responsable de ses énoncé, et a mit des personnages en scène et il les a donné leurs actes qu'ils vont les accomplir vers la suite. En outre, il n'est pas assimilé à ces personnages.

4.2.3 Mais :

Mais est une conjonction de coordination qui relie deux phrases en revanche elle a une fonction dans la polyphonie, et justement Ducrot (1984) la décrit ainsi : « depuis longtemps J.-C. Anscombre et moi nous décrivons les énoncés du type « p mais q » en disant que le premier segment (p) est présenté comme un argument pour une certaine conclusion (r), et le second pour la conclusion inverse. ». (P.229).

Anscombre et Ducrot affirment que (p) est un argument pour une conclusion donnée qui est la première, et (q) est un autre argument pour une conclusion qui est la deuxième et qui est contradictoire à la première conclusion.

Par exemple, si on me propose de jouer au football et je réponds : je ne suis pas fatigué mais j'ai mal aux pieds, donc je ne suis pas fatigué est un argument pour la conclusion qui est je vais jouer, et j'ai mal aux pieds est un argument pour la conclusion qui est je ne vais pas jouer, alors la deuxième conclusion est inverse par rapport à la première.

4.2.4 Certes A mais B :

Selon Ducrot (1984) tout cela reste dans un cadre général, car il existe des cas particulier est notamment lorsque *p mai q* est introduit par *certes* et d'ailleurs il illustre par un exemple qui est *certes, il fait beau, mais j'ai mal aux pieds*. Il dit : « Anscombre et moi décrivons les énoncés de ce genre en disant qu'ils mettent en scène deux énonciateurs successifs, E1 et E2, qui argumentent dans des sens opposés, le locuteur s'assimilant à E2 et s'assimilant son allocutaire à E1. Bien que le locuteur se déclare d'abord avec le fait allégué par E1, il se distancie cependant d'E1. ». (P.229-230).

Lorsque *certes* intervient à *p mais q*, nous remarquons l'existence de deux énonciateurs E1 et E2 qui présentent des arguments paradoxaux, le locuteur prend le rôle de E2 et son allocutaire emprunte le rôle de E1, au début le locuteur se rapproche de E1 en empruntant son point de vue mais âpres le locuteur s'éloigne de ce dernier .

Ducrot(1984) affirme aussi que : « Or une telle distanciation est imposée par la signification même de la phrase, et, plus précisément, par l'emploi de certes, impossible si le locuteur s'assimile a l'énonciateur assertant p ». (P.230).

Ici Ducrot montre que le locuteur ne peut guerre être l'énonciateur E1 qui peut asserter le *p*, qui est la première phrase qu'il annonce.

Suivant cet itinéraire nous allons reprendre l'exemple précédant qui est : *certes il fait beau mais j'ai mal aux pieds,* là nous pouvons trouver deux énonciateurs mis en scène par le locuteur, le premier énonciateur argumente positivement pour le ski (*il fait beau*), cet énonciateur s'assimile a un allocutaire ou voire une autre personne, le plus important il ne s'assimile pas au locuteur. Et le deuxième énonciateur argumente négativement contre la sortie pour pratiquer ce sport et il s'assimile au locuteur. D'après tout cela nous pouvons extraire des actes dans la deuxième phase de l'énoncé, nous constatons qu'il y a un acte primitif car E2 affirme en argumentant et c'est un acte d'affirmation argumentative, par contre la première phase est un acte dérivé dans lequel on reçoit un argument oppose par rapport a l'énonciateur duquel nous nous distancions c'est un acte de concession [36]

[36] On désigne par concession une persuasion.

4.2.5 L'analyse de A mais B :

Pour bien saisir le rôle de *p mais q*, il faut se mettre au sein du discours dans le quel, cette notion qui est p mais q, relève.

Nous avons relevé plusieurs exemples mais l'exemple que je vais citer par la suite est jugé efficace pour notre analyse, cet article est publie au quotidien el watan le 09/04/2018 dont le numéro est 8375.

-- article intitule anticipations et performances économiques, page 15.

1) « par exemple, dans une entreprise, généralement, si elle n'a pas une culture pervertie, ce sont les messages émis par la haute direction qui sont déterminants. Mais dans l'ensemble ce sont plusieurs messages qui contribuent à façonner les anticipations des agents économiques ».

Ici nous avons le premier *p* qui est : ce sont des messages émis par la haute direction qui sont déterminants.

Également nous avons *q*, qui est dans l'ensemble : plusieurs messages qui contribuent à façonner les anticipations des agents économiques.

Et nous avons aussi *mais,* qui fait non seulement la coordination mais aussi l'opposition des deux segments de l'énoncé.

Nous constatons que *p* est un argument d'une conclusion 1 qui est la direction qui régit et commande tout l'ensemble de l'entreprise.

Également nous remarquons que *q*, est un argument d'une conclusion 2 qui est : plusieurs messages peuvent diriger une entreprise, ces messages ont une autre source que la haute direction.

En revanche, notre analyse nous conduit vers un résultat qui est : la conclusion 2 est contradictoire par rapport à la conclusion 1 cela est effectué par l'effet de la conjonction de coordination *mais*.

4.2.6 L'analyse de certes A mais B :

Pour cette phase, nous avons consacré un exemple du même journal qui est el watan paru le 09/04/2018.

-- certes les revendications exprimées jusque là par les enseignants et les résidents grévistes ne sont pas d'ordre salarial mais elles ont un lien direct avec ce point.

dans cet énoncé nous pouvons voir deux énonciateurs E1 et E2, E1 qui s'assimile par les gens qui manifestent leur colère envers le gouvernement , concernant leurs besoins professionnels[37] en assertant que cette manifestation n'est pas à cause des salaires bas ou jugés peu , mais nous avons aussi E2 qui s'assimile au locuteur qui réfute la première phase de l'énoncé, en disant que cette manifestation est faite pour des causes , et l'une qui est le salaire . Donc là nous assistons à un énoncé qui se repartie en deux phases qui sont en réelle opposition.

Concernant les actes, nous pouvons dire que l'acte primitif est relié à E1, car il argumente tout en affirmant, et c'est une argumentation affirmative. L'acte dérivé est relie à E2, car ce dernier

[37] Besoin de l'employé au sein de sa fonction.

veut nous persuader que toute cette manifestation n'est pas faite juste pour les besoins professionnels, mais cela est fait aussi à cause du salaire bas ou jugé peu, et cette acte est un acte de concession

La polyphonie est l'assemblage de plusieurs voix qui sont abritées dans un seul article journalistique, sachons que la polyphonie dispose de ses marques parmi lesquelles le conditionnel que nous avons relevé dans les articles journalistiques cité ci-dessus.

4.3 Le conditionnel :

Le conditionnel est présent dans la polyphonie, selon Larousse (2016) le conditionnel est un mode qui exprime le doute et le soupçon, il exprime aussi une condition réalisable ou pas, également on l'utilise pour affirmer une pensée.

Nous retournons vers la polyphonie, cette marque prépondérante qui est le conditionnel, a était toujours l'objet d'étude de Ducrot ainsi que d'autre linguistes similaires.

Nous pouvons nous pencher vers les travaux de Haillet pour pouvoir définir le fonctionnement du conditionnel dans le cadre de la polyphonie

Haillet(2002) présente trois types d'assertions qui ont rapport avec le conditionnel :

4.3.1L'assertions au conditionnel temporel :

Haillet(2002) affirme que : « ce qui constitue la principale caractéristique des énoncés au conditionnel temporel, c'est qu'ils représentent le procès comme **ultérieur à un repère passé**, sans le situer nécessairement par rapport au moment de l'énonciation –et par conséquent ne le donnent pas forcement à voir en relation avec la réalité du locuteur. ». (P.10).

Haillet veut dire que ce type d'assertion comporte des énoncés qui présentent un fait ou une notion en général qui est passée, ce dernier est en relation avec un événement qui va voir la vie au futur , Haillet précise qu'n y a pas de réalité du locuteur[38] car , le locuteur ne sait même pas si cet événement est passé ou il va être passer dans deux jours ou même plus, ici nous notons que le conditionnel qu'a employé le locuteur ne précise pas tellement l'espace temps de l'événement .

Pour éclaircir notre explication il nous faut un exemple que nous allons le présenter : on m'a dit que la conférence de notre professeur Alfred aurait lieu le mercredi prochain.

(On m'a dit) est le repère passé, (la conférence du professeur) est la notion sur la quel nous parlons et (aurait lieu le mercredi prochain) est l'événement qui va être dans le futur proche mais le locuteur ne peut guerre donner une précision car lui-même plonge dans le soupçon si la conférence aura lieu le mercredi ou le jeudi.

Haillet(2002) considère que « l'approche polyphonique conduit à dire que cette assertion met en scène deux énonciateurs, l'un

[38] Le locuteur ne sait pas au préalable.

correspond à « moi-maintenant » et l'autre à « eux-alors » ; le locuteur de l'énoncé s'identifie au premier énoncé, et le second est assimilé à un locuteur distinct, représenté comme origine d'une énonciation antérieure ». (P.10).

L'auteur illustre son explication par l'exemple suivant :

"Ils me disaient que la fête ***aurait*** *lieu dans le parc municipal* ".

Il dit que dans cette exemple, il existe deux énonciateurs le premier rapporte les parole, et le deuxième est la source de l'énonciation antérieure.

Donc nous pouvons dire que (*ils)* est la source de l'énonciation et la personne qui est énonciateur distinct est désigné par le pronom (*me*)

Egalement nous pouvons trouver les marque de l'apport comme dans l'exemple précédant nous trouvons *(*me*)* et c'est ce que précise Haillet (2002) en disant « analyse polyphonique conduit en outre à considérer que l'emploi du conditionnel temporel a pour effet de mettre en scène deux énonciateurs non seulement dans les cas que nous venons d'examiner, mais également là ou l'instance à laquelle est attribuée l'assertion représentée comme rapportée et désignée par « je » ». (P.11).

4.3.2 L'assertion au conditionnel d'hypothèse :

Quand nous disons hypothèse nous disons conditionnel et soupçon, car pour exprimer une hypothèse il faut employer le conditionnel.

Haillet(2002) assure que : « Les assertions au conditionnel d'hypothèse représentent le procès comme imaginé en corrélation avec un cadre hypothétique. Ce cadre –donné systématiquement à voir comme non intégré à la réalité du locuteur » (P.12).

Haillet nous explique que toute énonciation au conditionnel hypothétique met en valeur un fait ou un acte qui n'est guerre réel, ceci est en véritable relation avec un contexte de soupçon et dans le quel nous n'allons pas trouver la réalité du locuteur.

Mais tout cela est loin du cadre de la polyphonie, car le conditionnel temporel et hypothétique ne sont pas de marques de polyphonie, par contre le conditionnel d'altérite énonciative est l'une des marque de polyphonie la plus récurrente.

4.3.3 L'assertion au conditionnel d'altérite énonciative :

Nous nous penchons vers le conditionnel d'altérite énonciative là ou Haillet (2002) explique que : « elles représentent le procès comme non intégré a la réalité du locuteur ; elles constituent une version « mise a distance » de l'assertion correspondante au passe composé, au présent ou au futur simple. » (P.14).

Cela veut dire que l'assertion n'est pas incluse à la réalité du locuteur, parce qu'il ne sait pas si l'événement ou l'acte va se passer ou il est passé ; l'assertion est distancie à ceux qui sont au passé composé, au présent ou au futur.

Haillet (2002) divise les assertions au conditionnel d'altérité en deux sous catégories :

A Allusion à un locuteur distinct :

Le conditionnel se timbre par la fonction d'allusion à un locuteur distinct , pourtant Haillet(2002) affirme que : « ces gloses rendent compte de la disjonction entre les deux points de vue représentés dans l'énoncé : le locuteur se distancie de l'énonciateur qui correspond relativement à « la Darc [...] **a antidaté** ... », « la mafia des hormones **est** florissante ... » et « les imports **seront simplifiés** ... »[39], et s'identifie à un énonciateur responsable de la mise à distance de ces assertions. » .(P.16) .

Dans un énoncé ou le conditionnel est employé nous distinguons le locuteur de l'énonciateur, car le locuteur exprime ses énoncé au mode de l'indicatif mais toute fois il s'assimile à un énonciateur pour mettre ses assertions en doute.

B Dédoublement du locuteur :

Le conditionnel joue aussi sur le dédoublement du locuteur Haillet(2002) nous montre que : « Le dédoublement s'opère ici entre le « locuteur-en-tant-que-tel » et le « locuteur-en-tant-qu'être-du-

---

[39] Des exemples pour expliquer, tires du livre le conditionnel en français approche polyphonique de Patrick pierre haillet .

monde ». Le premier – auteur de l'énoncé – s'identifie à l'énonciateur qui met à distance l'assertion au présent ; quant à l'énonciateur représenté comme responsable du point de vue paraphrasable par « je suis enclin à… », Il est assimilé au « locuteur-en-tant-qu'être-du-monde », objet de l'énoncé. ». (P.16).

Dans cette sous- catégorie, le locuteur en tant que tel et le locuteur en tant qu'être du monde interviennent. Nous pouvons donner un exemple : je serais triste, nous pouvons le paraphraser en disant je suis triste.

A Le locuteur en tant que tel est le seul auteur de l'énoncé qui s'assimile à un énonciateur qui met en doute son énoncé

B Le locuteur en tant qu'être du monde est la source de l'énoncé paraphrasable

4.3.4 L'analyse du conditionnel d'altérité énonciative :

Nous prenons l'exemple titré de l'article intitulé harcèlement administratif au CFPA Frères Daoud, écrit par Mohamed Taïbi publié au journal *el watan* le 9 avril 2018.

Kadour Noureddine, surveillant au centre de formation professionnelle Frères Daoud, à el mahmel, 9 Km à l'est de khenchela, a sollicité *El watan* afin de soulever ses inquiétudes face à une « sanction arbitraire » qu'il aurait subie.

Nous remarquons que le conditionnel employé dans cet exemple est loin d'être réel comme le souligne Haillet(2002) : « elles représentent le procès comme non intégré à la réalité du locuteur »(P.14)

Nous allons extraire les sous catégories du conditionnel d'altérité énonciative

A Allusion à un locuteur distinct :

Nous s'appuyant sur le même exemple, nous allons paraphraser la phrase suivante comme suit : afin de soulever ses inquiétudes face à une « sanction arbitraire » qu'il subie

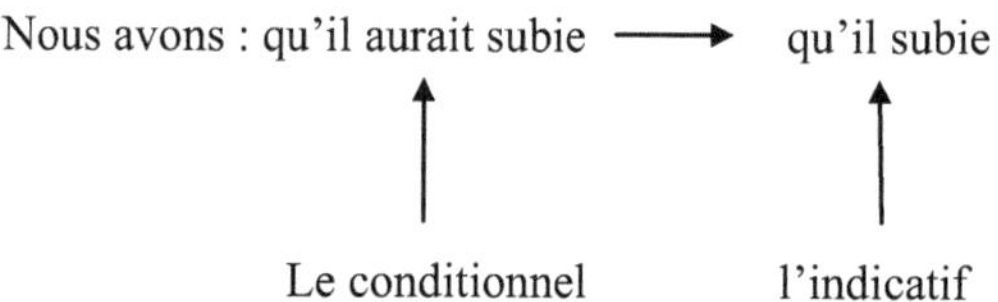

Ici le locuteur en réalité s'exprime à l'aide de l'indicatif mais il s'assimile à un énonciateur il s'exprime à l'aide du conditionnel pour transmettre une assertion qui contient du doute.

B Le dédoublement du locuteur :

En procédant avec le même exemple nous allons paraphraser la phrase suivante : afin de soulever ses inquiétudes face à une « sanction arbitraire » qu'il aurait subie. En : afin de soulever ses inquiétudes face à une « sanction arbitraire » qu'il subie.

Ici le locuteur en tant que tel et le locuteur n tant qu'être du monde interviennent.

Le locuteur en tant que tel s'attache à la première phrase non paraphrasable car c'est lui l'unique auteur de cette dernière. Parce qu'il se convertit en énonciateur pour exprimer un énoncé doué de doute.

Le locuteur en tant qu'être du monde s'attache à la deuxième phrase, car il est le seul responsable de du point de vue qui est la phrase en indicatif en outre, il est l'objet de l'énoncé comme l'affirme Haillet (2002).

Nous rappelons que la polyphonie est le regroupement des voix qui se concentre au sein de l'énoncé, ce phénomène linguistique possède ses marques qui le distinguent des autres parmi lesquelles les présupposés.

4.4 Les Présupposés :

La présupposition est une idée que nous avons dans notre cerveau à propos de quelque chose.

Ducrot (1984) définit la présupposition comme suit : « soit le plus traditionnel des énoncés a présupposer: « pierre a cesse de fumer » .dans le dire et ne pas dire , je proposais d'y voir l'accomplissement par le locuteur de deux actes , l'un de présupposition , concernant le présupposé « pierre fumais autrefois » , et l'autre d'assertion , concernant le posé « pierre ne fume pas maintenant » » . (P. 231).

Ducrot nous montre qu'au sein de la présupposition il existe deux énoncés contradictoires, il tient l'exemple de pierre a cessé de fumer, dans cet énoncé nous pouvons extraire deux autres énoncés :

Le premier : pierre fumait auparavant .c'est le présupposé

Le deuxième : maintenant, il ne fume pas. C'est le posé

Ducrot (1984) nous assure que : « je dirais qu'il présente deux énonciateurs E1 et E2 responsable respectivement, des contenus présupposé et posé. L'énonciateur E2 est assimile au locuteur, ce qui permet d'accomplir un acte d'affirmation. Quant à l'énonciateur E1, celui selon qui pierre fumait autrefois, il est assimile a un certain ON, a une voix collective, a l'intérieur de laquelle le locuteur est lui-même range » (P. 231).

Les deux énoncés cites ci-dessous appartiennent aux deux énonciateurs E1 et E2.

Nous commençons par E2, il s'assimile au locuteur qui affirme en disant pierre fumait auparavant.

E1 est indéfini puisque nous l'attribuant à un certain ON ou une voix collective cependant, E1 est impliqué dans le ON et la voix collective.

E1 et E2 ont une responsabilité du présupposé et du posé.

4.4.1 L'analyse des présupposés :

Nous avons repris le même exemple que nous avons cité dans la négation, celui tiré de l'article « VFS Globalopérationnel à partir d'aujourd'hui », tiré du quotidien algérien *el watan* (numéro 8375) paru le 09/04/2018.

1) A travers le système France-visa, on empêche toute intervention humaine et aucun employé n'est habilité à donner un rendez-vous.

De cet exemple nous pouvons extraire le présupposé et le posé.

Le présupposé : il y avait des interventions humaines qui délivrent des rendez-vous.

Le posé : maintenant, il n'y a aucune intervention humaine qui peut délivrer les rendez-vous.

Suivant ce chemin nous allons avoir les deux énonciateurs E1 et E2.

E1 est un ON qui est indéfini, qui affirme qu'il y avait des interventions humaines concernant la fixation des rendez-vous, c'est une voix collective qui ressemble à un groupe social.

E2 est un locuteur qui affirme qu'il n'y aura pas des interventions humaines concernant la fixation des rendez-vous.

Conclusion

Notre travail s'articule autour de la polyphonie, pour pouvoir étayer nos propos nous avons abordé des notions qui nous ont semblé déterminantes pour un discours qui se veut cohérent. Pour ce faire nous avons abordée la notion des medias et principaux moyens de communication ainsi que le discours et le dialogisme.

Nous avons aussi bien sur abordé la notion de la polyphonie ainsi les fonctions qu'elles peuvent occuper dans le discours.

Rappelons que la polyphonie est une part de l'article journalistique elle forme sa cohérence et sa cohésion. Parmi les marques de la polyphonie nous en avons analyse les suivantes qui sont : la négation, A mais B, le conditionnel et les présupposés. Pour répondre à la problématique posée au début de notre travail nous dirons que la polyphonie approuve une cohérence et une cohésion au sein de l'article journalistique par le biais de ses marques qui sont : la négation, A mais B, le conditionnel et le présupposé.

Ainsi, nous confirmons l'hypothèse selon laquelle le journaliste est le seul responsable de l'assemblage des voix, c'est lui le maitre qui contrôle l'énonciation, il a plusieurs responsabilités, il énoncé son énoncé, il met en place les énonciateurs en les imputant des rôles et des points de vue.

Les limites de notre travail :

Nous allons rencontrer un problème qui est le temps, ce facteur principal nous a pas suffit pour aborder d'autre marques de polyphonie.

Dans nos prochains travaux nous aborderions l'ironie, les proverbes, car et puisque.

Bibliographie :

Les livres :

Adam. Jean Michel. (1991). Les textes : types et prototypes. Paris. Nathan.

Banfield, Ann. (1973). *Narrative Style and the Grammar of Direct and Indirect Speech.* Foundations of Language.

Ducrot .Oswald et al. (1980). *les mots du discours.* Paris. Les éditions de minuit.

Ducrot, Oswald. (1984). *Le dire et le dit.* Paris. Minuit.

Germain, Michèle. (2012). *les bases de la radio.* Paris. ATENA.

Haillet. Pierre Patrick. (2002). *Le conditionnel en français : une approche polyphonique.* Paris. Ophrys.

Maingueneau, Dominique. (1996). *Les termes cles de l'analyse du discours.* Paris. Seuil.

Maingueneau, Dominique. (2004). *Le discours littéraire. Paratopie et scène d'énonciation.* Paris. Armand colin.

Moirand. Sophie. (1990). *Une grammaire des textes et des dialogues.* Paris .Hachette .

Todorov. Tzvetan (1981).Mikhaïl Bakhtine, le principe dialogique. Paris . Seuil.

Dictionnaires :

Le dictionnaire Larousse de poche 2016

Les fiches :

Hermans, Michel. (2001). *La télévision : un media populaire puissant et dangereux ?* https://www.google.dz/url?sa=t&source=web&rct=j&url=https://orbi.uliege.be/bitstream/2268/124122/1/Texte%2520t%25C3%25A9l%25C3%25A9

vision.pdf&ved=2ahUKEwjenJDTp6XbAhVEPhQKHSmdABEQFjAEegQIAxAB&usg=AOvVaw3nv_tAYAYBS1j1hg5zeoVQ

Bermont, Emmanuelle. (2013-2014). *La structure d'un article journalistique.*

https://www.google.dz/url?sa=t&source=web&rct=j&url=https://www.docpourdocs.fr/IMG/pdf/structure_de_l_article_de_presse_4e_3e.pdf&ved=2ahUKEwjVr5XxrqXbAhXMXhQKHTO1D2kQFjAAegQIBRAB&usg=AOvVaw0dk7ky6DLLv1Nv_GGx3c4m

George, Farid. (1992). *Quelques définitions du discours.*

https://www.google.dz/url?sa=t&source=web&rct=j&url=http://linglang.uqac.ca/dialangue/volume03/3_42_farid.pdf&ved=2ahUKEwjXq_3uqaXbAhXEXhQKHZhSAXMQFjAAegQICBAB&usg=AOvVaw0DU40IK-C5cniyPJhC5TOP

Les sites internet :

Maxicours (2015)

https://www.maxicours.com/soutien-scolaire/information-et-communication/1re-stg/204818.html

Le dictionnaire en ligne Linternaute
http://www.linternaute.fr/dictionnaire/fr/definition/dialogisme/

Encarta 2007

Table de matière :

Les annexes

VISA FRANCE

VFS Global opérationnel à partir d'aujourd'hui

Vrai casse-tête pour obtenir les rendez-vous de dépôt de dossier de visa pour la France par le passé. Désormais, à partir d'aujourd'hui, la nouvelle procédure entre en vigueur avec le nouveau prestataire VFS Global, qui offre de bonnes conditions d'accueil et dont le siège se trouve à Oued Semar (est d'Alger).

Le nouveau centre, qui couvre la circonscription d'Alger, a été inauguré hier, au cours d'un point de presse donné par l'ambassadeur de France, Xavier Driencourt, accompagné par le consul général, Eric Gérard, et le directeur du VFS, Pierre Benchou. Ce dernier assure que le centre VFS Global Alger est *«le plus grand centre VFS après celui de Saint-Pétersbourg»* et emploiera 260 personnes. Ce nouveau centre a pour ambition de *«parer»* à l'explosion du nombre de demandes qui *«a doublé en cinq ans»*. *«Face à l'augmentation significative de la demande, il fallait une plateforme internet plus adaptée permettant une gestion plus fluide des rendez-vous et des délais raisonnables»*, a précisé l'ambassadeur de France. Dévoilé à la presse, le nouveau centre *«moderne et bien agencé pourra traiter jusqu'à 2000 dossiers par jour»*, a indiqué le consul général Eric Gérard. Le nouveau centre dispose de 53 comptoirs de dépôt, 11 caisses de paiement et 21 cabines pour la biométrie.

L'autre nouveauté introduite à la faveur de l'ouverture de VFS Global réside dans la procédure de prise de rendez-vous et de dépôt du dossier de demande de visa dans l'objectif de *«sécuriser»* et de *«parer aux fraudes»*. Dorénavant, *«les rendez-vous seront nominatifs et ne seront confirmés qu'après prépaiement bancaire, auprès d'une agence de CPA ou en ligne avec une carte bancaire, d'une somme de 3600 DA dans un délai de 72 heures et non remboursable en cas de non-présentation au rendez-vous»*. La procédure d'enregistrement s'effectue *«impérativement pour toutes les catégories de demandeurs en ligne via l'application France-visas, seul et unique portail»*. Elle permettra de présenter un dossier *«complet, sincère et conforme aux exigences réglementaires Schengen et nationales qui sera demandé à tous pour un traitement efficace et rapide des demandes»*, a expliqué le consul général. Victime d'officine et de mise en place de réseaux d'intervention du temps de TLS Contact, ce qui a créé une *«saturation»* dans les prises de rendez-vous, le directeur de VFS Global a assuré qu'*«à travers le système France-visas, on empêche toute intervention humaine et aucun employé n'est habilité à donner un rendez-vous»*.

Par ailleurs et en matière de politique des visas, l'ambassadeur de France et le consul général ont assuré qu'il n'est pas question de *«changement»* ou de *«faire baisser»* le nombre de visas octroyés, mais ils ont relevé le problème des visas *«dévoyés»* et des *«dossiers falsifiés»*. Plusieurs détenteurs de visas touristiques se rendent en France pour des soins laissant des dettes énormes auprès des hôpitaux publics. Ou bien ceux qui ne respectent pas les délais de séjour. *«Des personnes arrivées en France avec des visas touristiques ne reviennent plus. En 2017, près de 10 000 personnes ont été interpellées en situation irrégulière. Près de 10 000 autres ont été refoulées des aéroports pour n'avoir pas présenté de justificatifs de leur séjour»*, a révélé l'ambassadeur de France.

Hacen O.

Elle a terminé mercredi à 6,3033 yuans pour un dollar. Le bitcoin valait 6 630,67 dollars, selon des chiffres compilés par le fournisseur de données financières Bloomberg.

Capitalisation boursière :

annonces puissent difficilement peser, du moins à court terme.

Market, l'once d'or valait 1.331,36 dollars vendredi vers 14H30 GMT.

ZINC

Le zinc valait 3.310,50 dollars la tonne.

Repères ÉCONOMIQUES

Anticipations et performances économiques

Par Abdelhak Lamiri

L'économie a de tout temps intégré les croyances des agents économiques dans ses considérations. C'est ce que pensent les gens, ce qui est déterminant pour leurs comportements.

Personne ne connait la réalité prévisionnelle. Comment va évoluer l'économie algérienne ? Dès lors qu'on est optimiste sur la question, on projette une économie florissante et on intègre son devenir dans cette perspective. Si on a des ressources, on investit dans le pays, on prend des risques calculés et on fait confiance à l'avenir. Dès lors qu'on est pessimiste, on projette un chaos économique plein de chômage, de privations et de dégradations du niveau de vie. Lorsqu'on dispose de ressources, on investit très peu. Les plus démunis auront à cœur de quitter le pays, comme les milliers de personnes qui prennent le risque d'affronter les aléas de la mer. C'est ce que l'on pense qui influe sur la manière d'agir.

En réalité, personne ne peut prévoir ce qui se passera exactement, car les variables en interaction sont multiples. L'aléa politique est déterminant et il est imprévisible. Néanmoins, on s'en fait une idée sur la base des développements réels, des idées perçues, l'évolution de la situation et également les déclarations des responsables et les critiques des analystes et des citoyens. On se forge une idée sur l'avenir d'un pays ou d'une entreprise sur la base d'une myriade de détails. Certains acteurs sont plus importants que d'autres. Par exemple, dans une entreprise, généralement, si elle n'a pas une culture pervertie, ce sont les messages émis par la haute direction qui sont déterminants. Mais dans l'ensemble, ce sont plusieurs messages qui contribuent à façonner les anticipations des agents économiques.

LES ANTICIPATIONS SE GÈRENT

En management, il est largement admis depuis des décennies que la haute direction est en grande partie responsable de ce que pensent les gens de leur milieu de travail et de l'avenir de leur entreprise. On se pose souvent les questions du genre : comment influencer positivement les croyances et les agissements des personnes? Toutes les disciplines sont interpellées pour peser de tout leur poids sur le mental des membres de l'entreprise. Mais il y en a une qui est plus sollicitée que les autres : la communication.

Cette dernière a pour but de concevoir tout un plan pour gérer ce phénomène. Tout comme la communication externe (publicité, promotion, relations publiques..) concourt à informer les clients réels ou potentiels sur les rapports qualité/prix des produits et services de l'entreprise et projette son image dans le conscient et l'inconscient du public, la communication interne véhicule des messages aux objectifs multiples. C'est ce qui explique l'explosion des structures internes de communication. Jadis l'activité était intégrée dans les directions des ressources humaines. Aujourd'hui on érige de plus en plus des directions de communication comme activité autonome, mais intimement intégrée à toutes les autres fonctions. Les schémas macro-économiques ont toujours intégré les perceptions des agents économiques. Toute une école de pensée (les anticipations rationnelles) a bâti son schéma conceptuel sur les conceptions que se font les acteurs économiques de la réalité et de son évolution. Les nations vigilantes n'ont pas fait abstraction de ces comportements. Les pays baltes avaient fait, dès la chute du mur de Berlin, de l'intégration à l'Union européenne leur objectif ultime (rêve diront certains). Pour ce faire, ils doivent remplir un certain nombre de réformes. Ces dernières ont été facilitées par un plan de communication en direction de la population pour clarifier les objectifs et les moyens d'y parvenir. Soudain, les citoyens se mirent à s'intégrer dans le plan commun. Les citoyens étaient fiers et motivés de travailler dur pour un tel objectif. Tous les échelons de la société étaient mobilisés pour l'opération. Les agents économiques avaient développé des anticipations et plus de rigueur et d'abnégation pour une immense amélioration de leur niveau de vie.

LA PROFESSIONNALISATION DE LA COMMUNICATION

Lorsqu'au début des années quatre-vingt-dix Mahatir avait préparé avec son équipe d'experts, après un débat intense avec tous les acteurs, le fameux plan «Malaisie 2020 : pays développé», le projet fut communiqué à toute la population. Sans grande surprise, l'effet psychologique fut éminemment positif. La société toute entière s'est mobilisée à tous les niveaux. Un sentiment de fierté s'empara de tous les citoyens. On ne peut pas détailler le plan dans ce contexte. L'année 2000 approche à grands pas et la Malaisie a déjà réussi son pari, la plupart des objectifs sont déjà atteints. La grande leçon est qu'il faut inculquer l'optimisme et la confiance en l'avenir malgré les incertitudes présentes. Mais il ne faut guère se tromper. Il ne faut pas confondre confiance en l'avenir et chimères. Le plan futur doit être réaliste, méticuleusement conçu, concerté, finalisé par les meilleurs experts du pays et exécuté par des institutions et des entreprises dotées d'un management de classe mondiale. Rien ne sert d'essayer de faire rêver les citoyens, alors que les conditions d'un décollage économique sont inexistantes. On se réveillera avec un cauchemar.

Il est dangereux d'essayer d'inculquer la peur, l'incertitude et le pessimisme. On ne peut pas semer le doute et récolter un comportement d'optimisme, d'abnégation et de haute performance. Plus qu'une entreprise, une nation a intérêt à gérer d'une manière rationnelle les anticipations de ses citoyens. La communication n'est pas un processus intuitif, on évoque des faits ou des statistiques au gré des événements et de nos humeurs. Il est donc nécessaire d'établir un plan de communication formel et s'en tenir à ses principes. On aurait alors adapté les messages à la situation réelle et au potentiel de développement du pays. Les citoyens ont besoin de perspectives et les jeunes sentent la nécessité de planifier leur avenir en fonction de l'évolution d'un pays. Un chômeur qui décode des messages de pessimisme de la part des responsables va démultiplier son pessimisme et tenter des aventures souvent désastreuses. Il est nécessaire de professionnaliser l'activité de communication du gouvernement. Ceci explique pourquoi les sociétés de conseil en communication connaissent un boom impressionnant (Havas a un chiffre d'affaires de 2,2 milliards d'euros). On ne s'improvise pas communicateur de nos jours. Cette activité est de nos jours l'œuvre de spécialistes.

A.L.

PH.D en sciences de gestion

SIX ANS APRÈS LA VAGUE DES HAUSSES SALARIALES DE 2012

Malaise social sur fond d'érosion du pouvoir d'achat

Depuis le début de l'année en cours, les mouvements de protestation se multiplient dans plusieurs secteurs, essentiellement l'éducation et la santé.
Cette contestation est menée par une classe moyenne de plus en plus confrontée à l'érosion du pouvoir d'achat avec la flambée des prix et la dévaluation du dinar. Certes, les revendications exprimées jusque-là par les enseignants et les résidents grévistes ne sont pas d'ordre salarial mais elles ont un lien direct avec ce point.

> Dossier réalisé par **Samira Imadalou**

La dégradation des conditions socioprofessionnelles dans ces secteurs est en effet à chaque fois mise en avant par les protestataires. Et c'est le cas aussi pour les travailleurs d'autres secteurs, dont les représentants à travers les syndicats autonomes ne cessent de soulever le problème de la baisse du niveau de vie dans ce contexte de crise. Une baisse accentuée par la dévaluation du dinar et la stagnation des rémunérations, puisque depuis la vague des revalorisations de 2011 et 2012, les salaires n'ont pratiquement pas bougé dans de nombreux secteurs, principalement dans la Fonction publique, où le ras-le-bol est exprimé de part et d'autre. Les changements prévus dans le cadre de l'avant-projet de loi portant code du travail ne sont pas pour rassurer les travailleurs.

Pour de nombreux syndicalistes, l'urgence est à l'amélioration du pouvoir d'achat. Meziane Meriane, coordinateur du Syndicat national autonome des professeurs de l'enseignement secondaire et technique (Snapest) nous le dira clairement en évoquant les motivations de la dernière grève des 21 et 22 février. *«Ce sont des revendications à caractère social. Nous n'avons pas d'autre voie pour sauvegarder les acquis avec un pouvoir d'achat anéanti par la dévaluation du dinar.»* Et de s'interroger : *«Qu'a-t-on fait pour mériter cela nous les fonctionnaires ? Nous sommes pourtant des producteurs indirects.»* Notant que les syndicats autonomes sont conscients des enjeux de l'heure, il poursuivra : *«C'est bien beau de gérer l'embellie, mais faudrait-il aussi savoir gérer la crise. Et là la véritable question est de s'attaquer à la gestion des deniers publics et des finances sectorielles, mais aussi de revoir la politique salariale et fiscale.»*

Un avis que partage Lyes Merabet du Syndicat national des praticiens de la santé publique (SNPSP), pour qui le problème ne réside pas uniquement dans la revalorisation du salaire mais dans le niveau de vie et le statut social. *«Pour ces points, le gouvernement a montré ses limites dans la lutte contre la spéculation, source de l'inflation. Nous nous retrouvons donc aujourd'hui avec des salaires amoindris»*, regrettera-t-il, proposant dans le même sillage la mise en place d'un observatoire pour la protection du pouvoir d'achat et mettant en garde par ailleurs contre les conséquences attendues du projet de code du travail.

DÉFAUT D'ANTICIPATION

Le constat de Boualem Amoura, secrétaire général du Syndicat national autonome des travailleurs de l'éducation et de la formation (Satef) va dans le même sens. Pour lui, la problématique réside dans l'érosion du pouvoir d'achat, résultat selon lui de l'absence d'une politique salariale planifiée. *«Les pouvoirs publics n'anticipent pas. Ils règlent les problèmes avec des solutions conjoncturelles en courant derrière la paix sociale. D'où l'amoncellement de toutes ces difficultés et cette colère sociale.»*

Sadek Dziri, secrétaire général de l'Union nationale des professionnels de l'éducation et de la formation (Unpef) appelle aussi à assurer l'équilibre du pouvoir d'achat.

Même son de cloche chez le Syndicat national autonome des personnels de l'administration publique (Snapap). *«Nos salaires n'ont pas de valeur»*, fera remarquer amèrement Rachid Malaoui, premier responsable de ce syndicat, tout en mettant l'accent sur la gravité de la situation. Il tiendra à rappeler que l'effervescence ne s'est pas arrêtée ces dernières années sauf qu'aujourd'hui, on assiste à des mouvements corporatistes avec le malaise dans la santé et l'éducation. Une situation que lie M. Malaoui aux défaillances en matière de gouvernance politique et économique. Mais aussi aux dysfonctionnements dans l'administration, comme l'illustre la gestion au niveau des différentes directions de l'éducation pour ne citer que cet exemple, à l'origine de la grève déclenchée à Béjaïa et Tizi Ouzou, avant de toucher d'autres wilayas et de perdurer, au détriment de tout un secteur et de toute l'économie, même s'il semble pour l'heure difficile de mesurer l'impact de tous ces mouvements, comme nous le précise l'économiste Souhil Meddah (voir encadré).

EXCLUSION

Cette situation était prévisible dès les premiers indices de la crise financière que traverse le pays. Début 2015, Mohamed Benguerna, chercheur au Centre de recherche en économie appliquée au développement (Cread) nous disait : *«Il faudra s'attendre que la classe moyenne réagisse en usant de différentes formes pour manifester son mécontentement. Surtout que celle-ci constitue de plus en plus la cheville ouvrière de notre système socio-économique.»* Et c'est justement le cas. *«Dans ce cadre, il est utile d'avoir une intelligence de la situation pour dialoguer, écouter, convaincre cette classe moyenne des nouveaux enjeux et défis et surtout lui signifier son implication active dans ces nouveaux défis et que cette nouvelle bataille de la diversité économique pour sortir de cette dépendance pétrolière est une affaire sociétale loin des expertises économistes et des alternatives de laboratoire et de salons. Nous avons besoin de l'intelligence de toutes les catégories sociales et cette classe moyenne est un secteur important pour peu qu'on la mette à contribution dans ces différents domaines»*, ajoutait-il. Or, dans cette grande ébullition sur le front social et cette montée au créneau des travailleurs, les syndicats autonomes sont exclus du processus de dialogue avec le gouvernement. C'est en fait l'ingrédient manquant pour régler ces conflits à répétition. Entre-temps, les pertes s'accumulent à tous les niveaux et ne font qu'accentuer la tension, avec l'annonce d'autres mouvements de protestation. Une réaction adoptée au nom de «la stabilité» comme a encore tenu à le souligner le chef de l'Etat, Abdelaziz Bouteflika, dans son message aux travailleurs à l'occasion du 24 Février, au moment où la contestation tend à s'élargir.

ACQUIS MENACÉS

«Il faut rappeler que les acquis sociaux, la réduction durable du niveau de chômage ainsi que les nombreuses réalisations socio-économiques n'ont pu être obtenus que grâce au rétablissement de la paix et de la stabilité qui ont prévalu tout au long de ces dernières années», lit-on dans son message, où l'accent est mis sur la nécessité d'élaborer *«une politique de développement inventive soucieuse de justice sociale qu'il nous revient aujourd'hui de mener dans une situation exceptionnelle, où la diversification de notre économie, dans un contexte de crise, impose rigueur et moralisation de la gouvernance»*. Il appellera par ailleurs les travailleurs *«à veiller à ce que la défense légitime et vigilante de leurs droits aille de pair avec l'observation effective et régulière de leurs devoirs et obligations, dans cette phase cruciale du développement national»*. Une manière de noter que la grève n'est pas l'ultime recours pour exprimer des revendications, puisqu'il lie cette question à l'accomplissement des devoirs, allusion faite aux enseignants et médecins grévistes.

Donc, au lieu d'un dialogue effectif, les pouvoirs publics essayent de jouer sur la fibre des sentiments en mettant en avant le contexte de crise économique. Une démarche qu'ils n'adoptaient pas auparavant quand la situation financière du pays le permettait. *«Mais pas à travers la prise en charge effective des doléances exprimées, à l'exemple de l'élaboration des statuts particuliers ou d'une politique salariale clairement étudiée. Tout au long de ces années, les pouvoirs publics ont répondu à la protestation par la distribution de la rente au nom de la stabilité et maintenant que la crise est là, on use de la force de la répression»*, résume un ancien syndicaliste du Conseil des lycées d'Algérie (CLA). Pour Bachir Hakem, l'enjeu pour le gouvernement est de faire passer la réforme du code du travail en utilisant les enseignants grévistes. *«Les responsables cherchent à travers la dernière grève dans l'éducation à incriminer les syndicats de l'éducation dans le seul but de démontrer que les grèves dans ce secteur ne doivent pas exister et doivent être régies par des lois les rendant presque impossibles. Tout le monde sait que le nouveau code du travail rend la grève presque impossible»*, nous dira-t-il, précisant que le problème majeur à régler est la révision du statut particulier toujours en attente.

S. I.

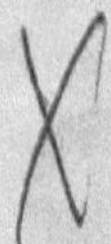

EL MAHMEL (KHENCHELA)

Harcèlement administratif au CFPA Frères Daoud

Kadour Noureddine, surveillant au centre de formation professionnelle Frères Daoud, à El Mahmel, 9 km à l'est de Khenchela, a sollicité *El Watan* afin de soulever ses inquiétudes face à une *«sanction arbitraire»* qu'il aurait subie. Kadour a ainsi vivement interpellé le directeur de la formation professionnelle de la wilaya, pour qu'il intervienne afin de *«lever l'injustice insoutenable dont il est victime»*.

Le concerné a été victime d'une agression physique par un collègue de travail, qui est en même temps délégué syndical dans cet établissement. *«J'ai été agressé physiquement par un collègue de travail dans l'exercice de mes fonctions, il m'a attaqué violemment dans mon bureau, il m'a attrapé par la gorge et m'a étranglé si fort qu'il m'a presque soulevé du sol»*, se plaint notre interlocuteur. *«Si mes collègues n'étaient pas arrivés à temps, il allait me frapper»*, précise-t-il. *«La directrice du centre a été avertie, mais elle n'est pas intervenue et l'incident n'a pas été signalé immédiatement à la police»*, selon les propos de la victime. Le plaignant accuse la direction d'avoir voulu étouffer l'affaire, pour éviter la sanction du syndicaliste, *«... et au lieu qu'elle prenne des mesures punitives contre l'agresseur, elle a exercé des pressions sur moi pour que je ne quitte pas l'établissement afin d'aller aux urgences et porter plainte à la police»*. Le surveillant est placé en arrêt de travail pendant une journée accordé par un médecin légiste le même jour de l'agression. Ce qui est pour le moins incompréhensible, c'est que le malheureux a été sanctionné pour avoir quitté son lieu de travail *«sans autorisation et en outre dans un contexte de forte activité pour déposer une plainte !!»*, comme il était clairement mentionné dans la décision de sanction datée du 28 mars 2018, dont *El Watan* détient une copie, soit le jour même de l'agression. *«Dans mon cas, je suis victime de plusieurs abus et c'est moi la seule personne qui ai été sanctionné»*, dit-il avec amertume.

Mohamed Taibi

Printed by Books on Demand GmbH, Norderstedt / Germany